NAT
GEO

Una rana tiene la lengua pegajosa

Pamela Graham

Una **rana** tiene la lengua pegajosa

y una **rana** tiene ojos grandes.

¿Quién más tiene ojos grandes?

Un **tigre** tiene ojos grandes

y un **tigre** tiene bigotes.

¿Quién más tiene bigotes?

Una **Nutria** tiene bigotes

y una **Nutria** tiene pies palmeados.

¿Quién más tiene pies palmeados?

Un **pingüino** tiene pies palmeados

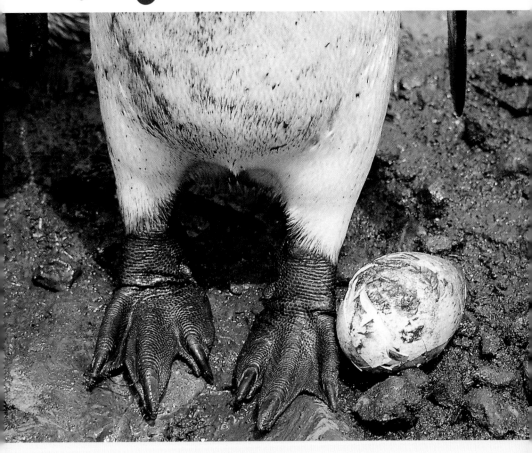

y un **pingüino** tiene pico.

¿Quién más tiene pico?

Un **avestruz** tiene pico

y un **avestruz** tiene el cuello largo.

¿Quién más tiene el cuello largo?

Una **jirafa** tiene el cuello largo

y una **jirafa** tiene cuernos.

¿Quién más tiene cuernos?

Una **cabra** tiene cuernos

y una **cabra** tiene el cuerpo peludo.

¿Quién más tiene el cuerpo peludo?

Una **polilla** tiene el cuerpo peludo.

y una **polilla** tiene alas.

¿Quién más tiene alas?

Una **abeja** tiene alas

18

y una **abeja** tiene rayas.

¿Quién más tiene rayas?

19

Un **pez león** tiene rayas

y un **pez león** tiene espinas.

¿Quién más tiene espinas?

Un **equidna** tiene espinas

y un **equidna** tiene la lengua pegajosa.

¿Quién más tiene la lengua pegajosa?

Una **rana** tiene la lengua pegajosa.